Béatrice Mazard

La Libye

Sur les traces des Garamantes…

L es Garamantes : ancien peuple de nomades de la Libye intérieure au sud de l'Atlas. Guerriers redoutables, ils fournissaient des cavaliers aux Carthaginois. Les Touaregs en sont peut-être issus…

Ouvrage du même auteur :
La Libye, Guide (Éditions Xavier Lejeune, 1999)

Photo de couverture : *Lac de Oum el Ma - Béatrice Mazard*

Crédit photos : Béatrice Mazard et Christian Lionel-Dupont
Reproduction interdite

Création graphique, Mise en Page : **samedi midi** • Lyon

ÉDITIONS XAVIER LEJEUNE 2000 • N° ISBN 2 907608-31-2

La Libye

Sur les traces des Garamantes…

Béatrice Mazard

« Regardez attentivement ce paysage afin d'être sûrs de le reconnaître, si vous voyagez un jour en Afrique, dans le désert. Et, s'il vous arrive de passer par là, je vous en supplie, ne vous pressez pas, attendez un peu juste sous l'étoile ! »

Antoine de Saint-Exupéry

ÉDITIONS XAVIER LEJEUNE
157, rue de Saint-Cyr
69009 Lyon

Ce livre lève le voile sur un pays méconnu, aux charmes restés longtemps ignorés du tourisme. Ce pays, la Libye, partage sa frontière occidentale avec l'Algérie alors que sa partie orientale jouxte l'Égypte, deux états qui ont attiré depuis longtemps un grand nombre d'étrangers.

Sur un territoire grand comme trois fois la France et en majorité envahi par le Sahara, vit une population peu nombreuse, principalement regroupée sur la côte méditerranéenne. Loin d'être un pays vide, la Libye possède un potentiel humain, touristique et culturel incomparables.

La clémence du climat de la côte qui tranche avec la sécheresse du milieu saharien permet de cultiver agrumes et oliviers. Dès l'Antiquité, l'olivier fut la principale richesse de la Tripolitaine et contribua à l'essor des ports comme Leptis Magna ou Sabratha qui profitaient de l'exportation massive de l'huile d'olive, appréciée pour ses qualités dermatologiques. Quant aux oranges, douces, juteuses et parfumées, elles se signalent par les innombrables étalages colorés offerts à la vente le long des routes. Progressant vers l'Est, une fois franchi le golfe de Syrte et son arrière-pays désertique, on arrive en Cyrénaïque où les caroubiers mêlés à la garrigue rappellent certains paysages de Provence.

C'est une région de miel. Les ruches sont parfois installées à flanc de montagne, à l'intérieur de grottes surplombant un vide vertigineux. Les apiculteurs y accèdent de façon acrobatique par de rustiques échelles de corde accrochées à la paroi.

Une ligne montagneuse sépare cette côte fertile du désert. Au Sud de la Tripolitaine, se dresse le Jbel Nefoussa et au Sud de la Cyrénaïque, le Jbel Akhdar. Ces deux Massifs sont assez relevés pour recevoir quelques flocons de neige en hiver. Si le Jbel Akhdar est plutôt verdoyant, le Jbel Nefoussa est plus aride mais voit délicatement fleurir l'amandier dès la fin de l'hiver.

En cette terre d'accueil qui, au début de l'ère chrétienne, vit débarquer ces merveilleux bâtisseurs que furent les Grecs et les Romains, se côtoient des hommes venus des quatre coins d'Afrique et même d'Asie. Tripoli, cité cosmopolite et animée, ressemble à toutes ces villes d'Afrique du Nord ouvertes sur la mer. Dans la pénombre des moucharabiehs, la médina cache jalousement ses secrets face aux tours futuristes de la ville moderne où, seule, la voix du muezzin psalmodiant dans la nuit tiède, rappelle que nous sommes en terre d'Islam. Une multitude de petits bus bondés desservent les principaux quartiers de cette ville étendue qui résonne d'un concert de klaxons aux heures d'embouteillages.

Et, à deux heures à peine de là, plein sud, c'est le calme du désert. Un désert qui s'annonce par de vastes plaines où la végétation se fait de plus en plus rare. Il prend relief progressivement pour terminer en apothéose au Fezzan. Alors, c'est l'éblouissement. Des dunes dorées, des falaises déchiquetées aux formes fantasmagoriques, des oueds verdoyants où l'acacia embaume au printemps, toute la beauté du Sahara est résumée dans ces paysages. Cette région évoque le Tassili des Ajjers et la Tadrart algérienne dont la beauté est connue et vantée depuis longtemps. Ce qui est naturel puisqu'elle en est le prolongement géologique.

L'émerveillement est à son comble lorsque, parmi les montagnes russes de l'Erg Ubari, on tombe sur des lacs salés, nichés au creux des dunes et bordés de palmiers qui frissonnent sous la caresse du vent.

Face à ces images intemporelles, sublimes, le regard et la pensée s'évadent. On est emporté vers l'infini, jusqu'aux confins de l'univers, jusqu'aux confins de soi-même.

Quand on a la chance de partager de tels instants avec les Touareg, ces "hommes aux semelles de vent", on s'initie à un environnement minéral qui, contre toute attente, se révèle plein de vie. Une vie rude à laquelle se sont adaptés les nomades, les animaux, les plantes.

On découvre aussi que les bergers qui vivaient là plusieurs millénaires avant notre ère, possédaient déjà l'art de la peinture et que lorsqu'ils ne peignaient pas, ils gravaient avec autant de talent. Cet art rupestre, outre ses qualités esthétiques, est un livre ouvert sur l'histoire du désert à cette époque. Dans le Messak Settaffet, dans l'Akakus, on contemple non sans une certaine émotion ces dessins que le temps, les assauts conjugués de l'eau, du sable et du vent n'ont pas réussi à effacer.

Moins anciens que les sites rupestres mais non moins admirables sont les sites Grecs et Romains dont s'enorgueillissent Tripolitaine et Cyrénaïque. Ils se dressent le long d'une côte encore préservée des aménagements touristiques et plaisanciers où la Méditerranée varie du turquoise au bleu outremer. Les sites, en majorité romains en Tripolitaine et grecs en Cyrénaïque, sont riches en monuments divers : forums, théâtres, basiliques, temples, arènes. Ils sont ornés de colonnes coiffées de chapiteaux doriques ou corinthiens taillés dans le porphyre, le granite rose, le grès, le marbre, le cipolin importés parfois d'Italie ou d'Égypte. Ce raffinement se retrouve jusque dans les nécropoles dont les caveaux creusés dans le rocher présentent une grande variété de décorations (colonnes, sculptures, peintures). Certaines nécropoles sont révélées par de simples trous creusés dans

la falaise ensoleillée, face au large. Rompant le silence éternel, seuls les atteignent le bruit du vent et le ressac des vagues.

Enfin, les oasis de Libye sont de véritables havres de fraîcheur, tant par l'architecture de leurs médinas que par la verdure dans laquelle elles sont tapies. Ici, le ruisseau murmure en permanence, l'ombre protège, la tourterelle roucoule, la datte blonde fond dans la bouche.

“ *Aman iman…* ”

L'eau c'est la vie…

(proverbe touareg)

La Tripolitaine

La Tripolitaine

Les premières bases des villes portuaires de Tripolitaine furent jetées par les Phéniciens sous forme de postes d'accostage appelés Emporia. Vers 600 ans av. J.-C., les Carthaginois transformèrent ces comptoirs en ports de commerce. Ils étaient trois principaux connus sous le nom de Sabratha, Oea qui est l'actuelle Tripoli et Leptis Magna, appelée aujourd'hui Lebdah.

Au début de l'ère chrétienne, l'occupation romaine fit la prospérité de ces ports grâce à l'exportation de l'huile d'olive et de fauves venus d'Afrique Noire dont Rome faisait grande consommation pour ses Jeux du Cirque. Leptis Magna connut un surcroît de splendeur grâce à l'Empereur Septime Sévère dont elle était la ville natale.

Sabratha : curie

Sabratha :
temple de Liber Pater

La Tripolitaine passa ensuite aux mains des Byzantins puis, vers 650 ap. J.-C., elle fut envahie par les Arabes qui étendirent leur domination sur l'ensemble du pays.

Elle passa un moment sous le contrôle des Turcs dont elle fut libérée par les Chevaliers de Malte vers 1500.

C'est maintenant en Tripolitaine que vivent les trois quarts de la population et c'est ici que bat le cœur de la Libye. On le doit aux conditions climatiques dont la clémence relative favorise la culture des légumes, des arbres fruitiers, notamment des agrumes. Aujourd'hui les ports de Sabratha et de Leptis Magna ont été abandonnés à l'ensablement. On a édifié des villes nouvelles à côté des villes romaines qui dressent fièrement de magnifiques vestiges, parfois à même le rivage. Des théâtres, des temples, des marchés, des basiliques, des curies, des thermes, un arc de triomphe édifié à la gloire de Septime Sévère, etc., font partie du magnifique patrimoine culturel laissé par les Romains.

Tripoli est devenu le port le plus important de la côte, une capitale moderne où sont concentrées les forces vives du pays. Dans son extension, elle a balayé la plupart des constructions romaines. Cependant subsistent quelques beaux vestiges comme un arc de triomphe édifié à la gloire de Marc Aurèle ainsi qu'une ancienne et superbe forteresse

turque qui domine le port. Admirablement aménagée par des Chevaliers de Malte, les Caramanli, qui en firent leur résidence, elle possède des jardins suspendus dont les palmiers se profilent dans l'embrasure des arcades rouges qui dominent sa façade. Dans ce fort est installé le Musée de Tripoli.

Tripoli est empreinte de ce style mauresque où se marient mosaïques colorées et stucs ouvragés ; sa mosquée ancienne en est une magnifique illustration. Il est bon de flâner dans la vieille ville. Ici, le regard est attiré par les moucharabiehs grillagés accrochés aux murs sombres des ruelles et là, les lourdes portes en bois finement sculptées entrouvertes sur la fraîcheur de cours décorées de mosaïques, éveillent la curiosité. Derrière ces murs silencieux la vie se cache, trahie seulement par un frôlement, un murmure, échappés de l'obscurité d'un couloir.

Sabratha : temple d'Isis

بلدية طرابلس

Sabratha : mausolée punique
(photo Christian Lionel-Dupont)

Sabratha : théâtre

Leptis Magna : pieds de table

Sabratha : th

Leptis Magna :
marché de César Auguste

Leptis Magna :
théâtre

Sabratha : théâtre

Leptis Magna : détail de sculpture

Leptis Magna : arc de Septime Sévère

Leptis Magna :
porte byzantine

Sabratha

Côte de Cyrénaïque

La Cyrénaïque

Le Golfe de Syrte sépare la Tripolitaine de la Cyrénaïque. L'une resta sous l'influence romaine alors que l'autre fut toujours tournée vers la Grèce, ce qui s'explique par leur situation géographique. La Cyrénaïque est située sur le Jbel Akhdar qui signifie en arabe la Montagne Verte. Ce relief vallonné est couvert d'une terre rouge où pousse une végétation de pins et de garrigue. Une mer turquoise baigne cette côte sauvage encore vierge de toute trace touristique. Dans l'Antiquité, le port de Benghazi, capitale de la Cyrénaïque et aussi deuxième ville de Libye, s'appela Euhespérides puis Bérénike.

Bien avant l'Antiquité, la Cyrénaïque fut habitée par des populations préhistoriques vivant à l'intérieur

Côte de Cyrénaïq

de larges grottes. La grotte d'Haua Fteah porte des traces de leur passage sous forme d'outils retrouvés sur place et datés par les archéologues de 80 000 ans.

Ce sont des Grecs originaires de Théra, l'actuelle Santorin, qui débarquèrent en Cyrénaïque vers 600 av. J.-C.

Cyrène, éponyme de la région, fut la première ville fondée par les Théréens. Cette vaste métropole, d'une grande beauté, s'étend sur les collines du Jbel Akhdar. On peut y admirer de magnifiques temples, amphithéâtres, théâtres, un immense gymnase, des propylées, etc., ainsi qu'une extraordinaire nécropole qui accroche ses tombeaux et hypogées à flanc de colline sur plusieurs kilomètres.

À proximité les Grecs construisirent Apollonia, qui devint le port de Cyrène, dont l'essor fut lié à l'exportation d'une plante sauvage, le *sylphium*, poussant exclusivement dans une zone très limitée de la région. Le *sylphium*, espèce maintenant éteinte, possédait des qualités gustatives et curatives qui avaient fait sa renommée bien au-delà de la Méditerranée. Sa gloire était telle que même les pièces de monnaie du pays étaient ornées d'une fleur de *sylphium*.

Pour que le port de Ptolémaïs, devenu capitale provinciale, bénéficie d'une alimentation constante en eau douce, on le dota de gigantesques citernes souterraines voûtées qui

Épave de bateau à Tokhra

Tokhra : mur d'enceinte

recevaient des eaux captées dans l'arrière-pays montagneux et acheminées jusqu'aux citernes par des canaux de plusieurs dizaines de kilomètres.

Malgré diverses incursions romaines, les Grecs restèrent maîtres du terrain jusqu'à ce que toute la côte passe sous le joug de l'Empire Byzantin. De nouvelles transformations eurent lieu. Des murs d'enceinte furent construits, des temples furent transformés en basiliques chrétiennes.

La conséquence de ce passé riche et mouvementé se manifeste dans le mélange des genres que l'on rencontre sur un même site. Des propylées sévériens voisinent avec de remarquables propylées grecs. L'immense gymnase de Cyrène fut d'abord baptisé Ptolemaion puis Cesareum. La voie qui conduit aux thermes de Trajan, détruits en 115 lors de la révolte des Juifs puis restaurés par Hadrien, fait un détour à la source d'Apollon et passe devant le Stratégeion.

Dans le curieux mausolée de Slantah, isolé en pleine campagne, on observe des sculptures qui ne sont ni grecques ni romaines ni byzantines mais que l'on pourrait attribuer aux populations qui vivaient là avant les Grecs. Les Nasamons peut-être.

Les noms, les monuments, tout en Cyrénaïque antique chante la gloire des dieux de l'Olympe à tel point que le passé de cette région se confond parfois avec la légende.

El Atrun : basilique

Cyrène

Tokhra

Apollonia : basilique orientale

« L'éternité,
elle est retrouvée,
c'est la mer allée avec le soleil. »

Arthur Rimbaud

Cyrène :
temple de Zeus

Apollonia : théâtre

Apollonia : thermes

Cyrène :
propylées romains

Cyrène : entrée nord

Cyrène : agora, détail d'ex-voto

Slantha : détail de sanctuaire

Slantha : détail de sanctuaire

Slantha : détail
de sanctuaire

Cyrène :
Propylées grecs

Cyrène :
thermes de Trajan

Le désert

En Libye, le désert est omniprésent. Il atteint même la côte méditerranéenne, dans le golfe de Syrte. Il se caractérise par une extrême aridité entraînant une raréfaction qui va parfois jusqu'à l'absence totale de végétation. Cependant, ce désert est vivant. Beaucoup de plantes résistent, s'adaptent à la sécheresse et au soleil. Théodore Monod remarque que le Sahara compte quantité d'espèces botaniques différentes même si chaque espèce n'est que faiblement représentée. Cette observation est également valable pour la faune. On rencontre des traces de souris, de lézards, d'insectes en des lieux où toute vie semble impossible.

C'est dans la partie Sud-Ouest du pays, la région du Fezzan que le désert s'épanouit dans toute sa beauté.

Les plateaux de grès, comme l'Akakus ou le versant libyen du Plateau des Ajjers, qui sont la proie du

Tanezuft

vent et de l'érosion, génèrent le sable environnant. Du sable amassé en ergs immenses, blonds ou roses suivant la roche dont ils proviennent et les lumières qui les caressent et dans lesquels le vent a sculpté des dunes aux courbes parfaites. La désagrégation sévit de façon inégale et préserve parfois des pans de falaise entiers alors qu'ailleurs on ne voit plus que forêts de pierres et pitons ruiniformes qui dressent vers le ciel leurs silhouettes fantasmagoriques.

Les grands oueds qui sillonnent l'ensemble furent habités par des nomades. Ces nomades, les Touareg, y installaient leurs campements, soit sous tente, soit dans des grottes naturelles, nombreuses dans la région. La végétation, parfois opulente, qui tapissait le lit de ces cours d'eau temporaires leur suffisait pour nourrir leurs troupeaux de caprins et de chameaux. Bien qu'aujourd'hui, pour des raisons de commodité, ils soient sédentarisés dans les villages et les bourgades de la région, ils restent attachés à leurs coutumes et à leur mode de vie. Leurs vêtements, leur langue, sont différents de ceux utilisés dans l'ensemble du pays et leurs repas, qui ont un peu évolué avec les produits du commerce, conservent toujours des plats typiques comme la taguella, cette fameuse galette cuite dans le sable.

Ils portent autour de la tête un long turban appelé chèche, qui leur donne cette allure si particulière et ce regard si mystérieux. Les femmes sortent peu et, contrairement aux hommes, ne se voilent pas le visage.

Lorsque les hommes, "chèchés" de ce fameux tissu indigo qui leur teinte la peau en bleu, paradent sur leurs méharis élancés, elles rythment la danse au son sourd du tam-tam, interrompu par les cris aigus des youyous.

L'environnement dépouillé du désert a forgé des hommes nobles, dignes et vrais.

Les Touareg sont l'âme du désert. Avec eux, on ne visite pas le Sahara, on le vit.

Jbel Awis. Adjendo

'adrart : Imaraka

'Oudaden

Tehe n'Awis

« Rien que des cailloux et du sable. Un horizon pétré. Paysage minéral, où les collines privées de cette mollesse de dessin, de cette indécision de contours que donnent aux nôtres l'humus et la plante, se profilent sous le ciel pâle avec la brutale franchise d'un décor, celle d'un squelette décharné. »

Jbel Awis : Adad

« Des pitons, des dômes, rien que des formes simples, mais tout cela sans raccords, sans jointures… Le sol est d'ocre brûlée, sable de cailloux, et parfois il y a de grandes bandes de sable, où croit le had métallique, poussiéreux, qui a la couleur du chardon. »

Maghidet

Ouan Regaia

Tanchalt

Tasbat

« Le troupeau compact des mehara et des chameaux de bât, pressés bosse contre bosse, déferla, têtes en équilibre au bout de longs cols ployés en arrière, emmêlés comme un nœud de serpents. »

Roger Frison-Roche

touarègue

« Dans le désert j'avais fait l'expérience d'une liberté impossible dans le monde civilisé, d'une vie allégée de tout bien personnel et appris qu'en fait ce qui n'est pas de première nécessité encombre. J'avais également fait l'expérience d'une fraternité inhérente aux conditions mêmes de cette vie et acquis la conviction que c'était là, et là seulement, que l'on pouvait trouver la sérénité. »

William Thesiger

Le feu au bivouac

Tinde

Scinque

Vipère à corne

(photo Christian Lionel-Dupont)

Peintures et gravures

La Libye fait partie des pays qui sont marqués par un passé préhistorique d'une grande richesse. Elle possède, dans son quart sud-ouest, des massifs rocheux qui abritent des peintures et des gravures de grande qualité.

Cela est dû à l'hospitalité de cette région qui la rendit toujours favorable au nomadisme. De tous temps, les pasteurs y trouvèrent de quoi faire paître leurs troupeaux. Il fut même un temps où l'aridité était moins rigoureuse que de nos jours et permettait à la végétation de nourrir une faune de brousse ainsi que des animaux d'élevage tels que des vaches et des chevaux.

C'est dans ce cadre qu'évoluaient les nomades et les bergers 10 000 ans avant l'ère chrétienne.

Gravure de l'oued Mathakhandouch

Peinture de In Eidi

Ils ont dessiné et gravé sur les rochers leurs animaux familiers ainsi que des scènes de leur vie quotidienne. Leurs représentations apportent un grand nombre de renseignements sur la vie et la faune de l'époque. On découvre toutes sortes d'animaux de la grande faune éthiopienne ainsi que quantité de vaches, animaux qui ont maintenant complètement disparu du Sahara consécutivement à la désertification et au manque d'eau. Ces peintures ne sont pas toutes contemporaines.

D'ailleurs certaines sont superposées sur différents "étages". Les premières représentations sont celles d'animaux de brousse auxquelles feront suite, vers 5 000 av. J.-C., celles des bovins. Vers 1 500 av. J.-C., apparition du cheval utilisé par les Garamantes qui, montés sur des chars attelés à plusieurs chevaux, participèrent aux expéditions menées par les Romains vers l'Afrique Noire. Les peintures les représentent souvent en pleine course. On les appelle les "galops volants." Les chevaux furent rapidement remplacés par les dromadaires qui furent importés au Sahara vers 500 av. J.-C.

Les scènes de la vie quotidienne sont intéressantes car elles donnent des informations sur les vêtements, les coiffures, les occupations des populations de cette époque. La ressemblance des coiffures de femmes avec celles des femmes Peuls du Niger est frappante : un chignon retombant sur le devant du front. Ils sont probablement les auteurs des dessins rupestres d'autant plus que depuis tous temps, les Peuls ont été des nomades à vocation de pasteurs.

Des scènes de chasse au mouflon reviennent très souvent et confirment les observations des archéologues qui, après avoir identifié quantité d'os de mouflons, confirment que cet animal était alors très répandu.

Les peintures, qui sont fabriquées avec de la terre pilée mélangée avec de l'eau et un fixatif organique, sont jaunes, rouges ou blanches suivant la couleur du sol qui les a fournies. Les plus anciennes sont quelquefois bicolores. On remarquera que plus elles sont récentes, moins elles sont fines : les dessins de dromadaires n'offrent en général qu'un médiocre intérêt.

Les gravures qui foisonnent dans l'oued Mathakhandouch figurent parmi les plus belles jamais découvertes. Beaucoup d'animaux sauvages sont gravés, quelquefois avec un double trait pour en accentuer le relief.

Derrière ces dessins, c'est toute une vie qui surgit, tissant un lien émouvant entre les hommes d'hier et ceux d'aujourd'hui. Des hommes qui reproduisaient le mouvement, la perspective, sans les avoir jamais appris. Des hommes qui avaient un sens inné de l'art.

Peinture de Tin Lalen

Peinture de In Ferdan

Peinture de Teshuinet

Peinture de Teshuir

Gravure de l'oued Mathakhandouch

Gravure de l'ou
Mathakhando

Gravure de l'ou
Mathakhando

Gravure de l'oued Mathakhandouch : In Aralgewen

Les villes Oasis

Le Sahara n'est pas un territoire vide. Il a toujours été fréquenté par les nomades qui menaient la vie paisible des pasteurs, ou la vie itinérante des grands caravaniers.

Les grandes caravanes assuraient les échanges commerciaux entre l'Afrique Noire et l'Afrique du Nord dont les ports étaient ouverts sur l'Occident. Les oasis constituaient des étapes accueillantes sur des pistes longues, difficiles et souvent privées d'eau. Certaines devinrent des carrefours et des lieux d'échanges prospères et animés.

A l'ombre des médinas construites selon des plans judicieusement adaptés, les habitants se protégeaient des rigueurs du climat. Profitant des palmeraies ombragées et de l'eau fraîche, la végétation y explosait dans une luxuriance de fleurs et de cultures potagères.

Ghadamès : porte de la médina

L'oasis de Ghat

Au milieu des ruines, çà et là, quelques ruelles encore debout, habitées, couvertes, comme presque toutes les rues ksouriennes, en poutrelles de palmiers : avenues obscures et fraîches, avec des bancs en terre ménagés dans l'épaisseur des murailles.

Ghat : fort de Koukemen
(photo Christian Lionel-Dupont)

Ghat : porte de la médina

Lors des conquêtes sahariennes, les oasis servirent de bases militaires et des forts y furent édifiés. Il suffit d'entendre les propos nostalgiques de certains méharistes français basés autrefois à Ghadamès pour imaginer la douceur prenante des lieux.

Ces vieilles villes étaient faites d'un agglomérat de maisons tellement imbriquées les unes dans les autres que, de terrasses en escaliers, on passait parfois de l'une à l'autre sans s'en apercevoir… Elles étaient sillonnées de venelles à ciel ouvert ou en couloirs. Ces couloirs, éclairés par des lucarnes subtilement orientées et agrémentés de bancs maçonnés, étaient des lieux de rencontre où la douceur constante de la température contrastait avec la rigueur de l'extérieur.

Ces médinas sont maintenant délaissées par les habitants qui se sont repliés vers des maisons "en dur", moins fragiles que le banco mais beaucoup moins attrayantes, bâties à proximité.

L'Unesco, consciente de l'intérêt culturel de ces ensembles, favorise leur restauration et leur entretien.

À Ghadamès, on peut visiter une habitation restaurée qui rutile de décorations et de cuivres. Des décorations faites d'un fin grillage rouge peint sur les murs blanchis à la chaux qui sont typiques des intérieurs de maisons de l'oasis. Toutes sont bâties selon un schéma identique : un étroit escalier maçonné mène d'étage en étage, de pièce en pièce, jusqu'à la terrasse sommitale d'où la vue s'étend sur toute la palmeraie.

De là, en contemplant la ville nouvelle de Ghadamès, on songe que, si la vieille médina n'est plus adaptée aux besoins de la vie moderne, elle possède cependant un charme et un raffinement que pourraient lui envier bon nombre d'architectures contemporaines.

Ghadamès : ruelle

Ghadamès :
intérieur de maison

Ghadamès : ruelle

Ghadamès : la palmeraie

Ghadamès : ruelle

Les Lacs

Les lacs de l'Erg Ubari figurent parmi les paysages emblématiques de la Libye.

D'abord, ils surprennent par leur situation, perdus dans un univers de dunes éclaboussées de soleil où l'on navigue pendant des kilomètres entre ciel et sable, cherchant parfois la passe entre deux dunes.

Annoncés par quelques palmiers et touffes de "had" éparses, ils surgissent ensuite, superbement auréolés de végétation. Sur la vingtaine de lacs répertoriés, quatre seulement sont encore en eau. Une eau très salée, trop salée pour pouvoir entretenir une quelconque vie aquatique, à l'exception de minuscules crustacés rouges, appelés *Artemia Salina* qui, avec les dattes des palmiers environnants, constituaient la principale source de subsistance des riverains.

Lac de Oum El Ma

Lac de Gaber Aoun

Lac de Oum El Ma

Car certains lacs étaient habités par des hommes venus probablement d'Afrique Noire qui avaient construit des maisons en banco regroupées autour de plusieurs petites mosquées soudanaises, blotties à l'ombre exubérante des palmiers et des eucalyptus.

Dans ce cadre apparemment paradisiaque, ils menaient en fait une vie difficile et précaire car, dans cette région reculée et envahie par les moustiques, terre et eau sont saturées de sel et rendent culture et élevage impossibles.

Leur principale activité était la pêche de ces *Artemia Salina*, qui ont la particularité de survivre en eau douce comme en eau sursalée. La coutume voulait qu'elle soit pratiquée exclusivement par les femmes qui s'aidaient de filets à mailles très fines. Cette pêche, abondante en saison chaude, était consommée fraîche ou séchée en pains pour être conservée. Comme le sel extrait du sol sous forme de natron, elle faisait l'objet d'un petit commerce peu lucratif, compte tenu de l'isolement de ces villageois.

Les Arabes avaient surnommé les *Artemia Salina* les "daoud" c'est à dire les vers, les pêcheurs étaient devenus les Daouada, les "Mangeurs de vers" et leur territoire avait été baptisé, la Ramla des Daouada, autrement dit, l'Erg des Mangeurs de vers.

À la fin des années 80, les Daouada durent quitter leurs habitations pour être déplacés vers des régions moins isolées et moins insalubres.

Lac de
Mahfou

Lac de Oum El Ma

Le silence est retombé sur ces maisons désertées, ouvertes sur des intérieurs colorés encore pleins de vie, sur ces cours ombragées où les cris joyeux des enfants ne font plus écho aux chants des oiseaux.

Les lacs, maintenant abandonnés à l'immensité calme et dorée de l'Erg Ubari, changent de couleur au fil des saisons. Dans l'écrasante chaleur de l'été saharien, ils se teintent de violine pour virer ensuite au bleu quand vient la fraîcheur de l'automne et prendre enfin une indéfinissable couleur verte lorsque s'annonce le printemps.

Ils changent aussi d'aspect selon l'heure de la journée. Dans l'immobilisme des heures matinales, ce sont des miroirs où jouent les dunes en reflets mordorés et parfaits. Ils frémissent sous la brise de midi, accompagnés par le bruissement des palmiers chargés de petites dattes rouge vif. Dans la paix du soir, quand le vent est tombé et que le couchant embrase les dunes environnantes, ils s'assoupissent en taches sombres et mystérieuses.

Lac de Gaber Aoun

Lac de Mandara

Lac de Mahfou en été (photo Christian Lionel-Dupont)

Sommaire

Sommaire

Bibliographie

EBERHARDT (Isabelle), *Écrits sur le sable*, Grasset.

DE SAINT-EXUPÉRY (Antoine), *Le Petit Prince*, Folio Gallimard.

DE SAINT-EXUPÉRY (Antoine), *Terre des Hommes*, Gallimard.

FRISON-ROCHE (Roger), *La piste oubliée*, J'ai Lu.

FRISON-ROCHE (Roger) et TAIRAZ (G.), *Le Grand Désert*, Arthaud.

HOMÈRE, *Iliade*, Gallimard.

Grand Larousse encyclopédique, Larousse.

LE CLÉZIO (Jémia et Jean-Marie Gustave), *Gens des Nuages,* Stock.

LHOTE (Henri), *A la découverte des Fresques du Tassili*, Arthaud.

MOURRE (Michel), *Dictionnaire encyclopédique d'histoire,* Bordas.

PSICHARI (Ernest), *Les voix qui crient dans le désert*, Les Introuvables.

RACINE (Jean), *Bérénice*, Larousse.

RIMBAUD (Arthur), *Œuvres complètes*, Gallimard.

THESIGER (William), *Le Désert des Déserts*, Plon, coll. Terre humaine.

VALÉRY (Paul), *La Crise de l'Esprit*, Gallimard.

Achevé d'imprimer en août 2000
Sur les presses de STIGE
Societa Torinese Industrie Grafiche Editoriali, à Turin
Photogravure : CHESTEROC INTERNATIONAL GRAPHIC et SWITCH-ON

Dépot légal : Septembre 2000
N° IMPRESSION 2 907608-31-2 • N° ÉDITEUR 2 907608

ÉDITIONS XAVIER LEJEUNE